Gunther Arzt
**Ketzerische Bemerkungen zum Prinzip
in dubio pro reo**

Schriftenreihe
der
Juristischen Gesellschaft zu Berlin

Heft 149

W
DE
G

1997
Walter de Gruyter · Berlin · New York

Ketzerische Bemerkungen zum Prinzip in dubio pro reo

Von
Gunther Arzt

Vortrag
gehalten vor der
Juristischen Gesellschaft zu Berlin
am 13. November 1996

W
DE
G

1997

Walter de Gruyter · Berlin · New York

Dr. iur. *Gunther Arzt*, LL.M.
o. Professor an der Universität Bern

⊗ Gedruckt auf säurefreiem Papier,
das die US-ANSI-Norm über Haltbarkeit erfüllt.

Die Deutsche Bibliothek – CIP-Einheitsaufnahme

Arzt, Gunther:
Ketzerische Bemerkungen zum Prinzip in dubio pro reo: Vortrag
gehalten vor der Juristischen Gesellschaft zu Berlin am
13. November 1996 / von Gunther Arzt. – Berlin ; New York :
de Gruyter, 1997
  (Schriftenreihe der Juristischen Gesellschaft zu Berlin ; H. 149)
  ISBN 3-11-015637 7
NE: Juristische Gesellschaft <Berlin>: Schriftenreihe der Juristischen
...

Printed in Germany
Satz und Druck: Saladruck, Berlin
Buchbinderische Verarbeitung: Dieter Mikolai, Berlin

I. Einleitung und Zusammenfassung

In dubio pro reo gehört zu den selbstverständlichen und, wie alles Selbstverständliche, wichtigen Gestaltungsprinzipien des Strafrechts. Dass jemand, der kein Dieb ist, nicht wegen Diebstahls bestraft werden darf, ist im Strafrecht so selbstverständlich wie im Privatrecht es selbstverständlich ist, dass zur Bezahlung des Kaufpreises nur verurteilt werden darf, wer Käufer ist. Natürlich könnte das materielle Recht diese Banalität unterstreichen, etwa durch die Formulierung, den Kaufpreis muss *nur* derjenige bezahlen, der *wirklich* gekauft hat. Ältere Gesetzbücher kennen deshalb noch Formulierungen, die beispielsweise dem Verkäufer den Anspruch auf den Kaufpreis zusprechen, „wenn er beweist", dass sich der Käufer entsprechend verpflichtet hatte, so das ABGB von Österreich, u. a. §§ 367, 368, 369[1]. Es ist zwar im Privatrecht unüblich, der Belastung mit Kaufpreiszahlungspflichten eine Nichtkäufervermutung als Grundrecht entgegenzuhalten. Auch insoweit besteht jedoch kein grundlegender Unterschied zum Strafrecht mit seiner Unschuldsvermutung, die jedenfalls im Kern mit in dubio pro reo identisch ist[2].

Damit bin ich beim Strafrecht. Die Straftatbestände sind so zu lesen, wie ich es am ABGB illustriert hatte, also z. B. „Mörder ist, wem bewiesen wird, dass er einen Menschen getötet hat aus Mordlust, zur Befriedigung des Geschlechtstriebes etc. etc.". Das Beweisproblem steckt auch im Strafrecht schon im materiellen Recht. Je mehr das Verfassungsrecht die Interpretation übernimmt, desto mehr wird das Prinzip isoliert und desto schwächer muss das Bewusstsein für die Relativierungen von in dubio pro reo wegen seiner Zusammenhänge mit und Abhängigkeiten von anderen Gestaltungsprinzipien des strafrechtlichen Systems werden. Die Ansicht, Detailfragen zu in dubio pro reo seien mit verfassungsrechtlicher Absolutheit zu ent-

---

[1] Vgl. *Arzt*, Der Einfluss von Beweisschwierigkeiten auf das materielle Strafrecht, in Strafrechtliche Probleme der Gegenwart (Hrsg.: Vereinigung österreichischer Richter), Ottenstein 1981 S. 77 ff. Deshalb ist klar, dass die Verurteilung wegen Diebstahls materiellrechtlich fehlerhaft ist, wenn sie damit begründet wird, der Verurteilte habe sehr wahrscheinlich gestohlen. – Die schweizerische Praxis hat besondere Schwierigkeiten, diese einfache Wahrheit zuzugeben, weil die Verletzung materiellen Rechts und die Verletzung der freien Beweiswürdigung unter Umständen von verschiedenen Gerichten beurteilt wird, dazu u. a. *Trechsel*, SJZ 1981, 317; *Arzt*, ZBJV 129 (1993) 1 und zuletzt *Nay*, ZStrR 114 (1996) 87, 93, 100 sowie *Sträuli*, ebenda 60 ff., 69 f.

[2] Zusammenfassend *Montenbruck*, In dubio pro reo, Berlin 1985 (S. 40 zur Banalisierung des im materiellen Recht steckenden Satzes; S. 67 ff. zu Versuchen, in dubio pro reo von der Unschuldsvermutung abzugrenzen).

scheiden³, ist nicht nur falsch, sondern sie ist für das strafrechtliche Gesamtsystem gefährlich, weil durch Isolation und Überbetonung eines Prinzips die Balance aller Gestaltungsprinzipien gestört wird. Mir geht es im folgenden um die *Heimholung des Prinzips in dubio pro reo ins Strafrecht* und damit um die Rückführung in die strafrechtlichen Zusammenhänge. Von diesem *Ausgangspunkt* aus will ich drei Thesen entwickeln.

In *These 1* geht es um die *Relativierbarkeit des Zweifelsgrades*, der aus der Abhängigkeit vom strafrechtlichen System folgt. Ich nenne einleitend nur die Differenz zwischen Zweifel an objektiven und Zweifel an subjektiven Tatbestandsmerkmalen.

In *These 2* geht es um die *Hilflosigkeit* des Prinzips in dubio pro reo *gegen seine Aushebelung durch das materielle Recht*. Die maximale Zuspitzung wird in dubio pro reo in einem System genießen, das sein materielles Recht dadurch abgestumpft und korrumpiert hat, dass es Strafe an den sicheren Nachweis eines Verdachts knüpft.

In *These 3* will ich zum Schluss daran erinnern, dass in dubio pro reo im *Kontext mit dem Prozessrecht* zu sehen ist. Auch da ist das Gedankenspiel nützlich, welches beweisrechtliche System sich die Maximalisierung von in dubio pro reo leisten kann. Meine Antwort wird lauten, am besten wird die Maximalisierung von in dubio pro reo in einem System funktionieren, in dem fast alle Verdächtigen glaubhaft gestehen und damit alles zweifelsfrei wird. Solche Systeme gibt es – und ich werde deshalb gegen Ende meines Vortrags die Frage aufwerfen, ob wir ein solches wunderbares System einführen sollen.

II. Relativierbarkeit des Zweifelsgrades

1. Naturwissenschaftliche Sicherheit, objektive und subjektive Tatseite

Sicherheit kann sich auf naturwissenschaftliche Gesetze gründen. Wer im Besitz des goldenen Schuhs der Madonna gefunden und des Kirchendiebstahls beschuldigt wird, kann beim weltlichen Gericht keinen Zweifel an seiner Schuld wecken, indem er vorbringt, er habe in seiner Not zur Madonna gebetet und diese habe ihm den Schuh geschenkt⁴.

---

³ Zur Gerichtspraxis *Vogler*, Int. Komm. EMRK, Art. 6 N 404 ff. (1986). Zum Schweigen als Schuldindiz unten IV 2 und John Murray v. United Kingdom, EGMR v. 28. 10. 1994.

⁴ *Friedrich der Große* soll diese Verteidigung eines Kirchendiebes zum Anlass genommen haben, bei mehreren theologischen Fakultäten Gutachten einzuholen (sie sollen begreiflicherweise gewunden ausgefallen sein). Friedrich der Große habe dann angeordnet, den Delinquenten auf freien Fuß zu setzen, er sei aber zu ermahnen, künftig von Heiligen, Madonnen und dergleichen keinerlei Geschenke anzunehmen (sonst drohe ihm dieselbe Strafe wie für Kirchendiebstahl).

Das Beispiel ist tückischer als es auf den ersten Blick scheinen mag, denn es kehrt die Aussage der auf naturwissenschaftliche Gesetze gestützten Sicherheit um. Wenn es keinen Zweifel an naturwissenschaftlichen Gesetzmäßigkeiten gibt, gibt es vielleicht einen Zweifel jenseits der Naturwissenschaften oder – was prinzipiell dasselbe ist – sollen wir in den juristischen Risikobegriff (zu dem auch das Risiko der Verurteilung eines Unschuldigen gehört!) nicht nur das wissenschaftlich wenigstens Plausible oder Mögliche einbeziehen, sondern auch irrationale Ängste berücksichtigen? Ich habe den Eindruck, dass diese Frage in unserer Gesellschaft zunehmend bejaht wird[5]. Dazu steht in einem auffallenden Widerspruch, dass die *freie Beweiswürdigung* des Tatrichters von den Kontrollrichtern tendenziell so geprüft wird, dass rationale, aber schwer (oder nicht) mitteilbare Faktoren wie Erfahrung, Gespür, Unmittelbarkeit und Sachnähe als irrational ausgeblendet werden. Die Beseitigung von Freiräumen bei sachnahen Beamten und die damit verbundene Verlagerung der irreparablen Fehler von der unteren auf die höhere Instanz ist ein allgemeiner Trend. Die Kollegen, die diesem Trend z. B. bei Beweiswürdigung oder Strafzumessung das Wort geredet haben, sehen sich neuestens *(BVerwG*, NJW 1996, 2670) mit vergleichbar sinnvollen oder unsinnigen Ansprüchen an die Begründung ihrer Prüfungsurteile konfrontiert[6].

Wie dem auch immer sei, Zweifel an der sich auf Naturwissenschaft stützenden Sicherheit können wir uns als Juristen nicht leisten, denn unser juristisches Denken setzt die naturwissenschaftlich-gesetzmäßige Verknüpfung von Ursachen und Erfolgen voraus.

Mit naturwissenschaftlicher Gewissheit lassen sich jedoch allenfalls *objektive Tatbestandsmerkmale* feststellen, z. B. der Eintritt des Todes des Opfers. Bei anderen objektiven Tatbestandsmerkmalen bezieht sich die Sicherheit nur auf einzelne Indizien. Der Schuss als Todesursache mag noch naturwissenschaftlich sicher feststellbar sein, doch schon die „Abgabe" des Schusses durch einen bestimmten Schützen ist nur über einen Indizienbeweis nachweisbar, der seinerseits einzelne naturwissenschaftlich sichere

---

[5] Nach *NZZ*, 20. 9. 1996, 47 glauben 48 % der Amerikaner an UFOs, 40 % an übernatürliche Kräfte (unter Berufung auf eine Newsweek-Umfrage). Das spricht nicht nur gegen Tatsachenfeststellungen durch Laien (Geschworene), sondern macht seriöse Tatsachenfeststellungen durch die Justiz anfällig gegen unseriöse Zweifel – und das in einem System, das mehr und mehr auf Akzeptanz juristischer Entscheidungen setzt, dazu unten Anm. 17. – Zum Beweiswert wissenschaftlich dubioser Methoden *Bolle*, 63 RIDP 345, 350 (1992) und ausführlich zu Wissenschaftlichkeit und Zweifel *Krause*, in Festschrift für Karl Peters, Tübingen 1974 S. 323, 327 f.

[6] Zu diesem Vergleich schon *Arzt*, in Festschrift für Stree/Wessels, Heidelberg 1993 S. 49 ff., 65 f.; ebenda S. 63, 66 Nachweise zu den Anforderungen der Kontrollrichter an die Beweiswürdigung und Strafzumessung (mit Hinweis bes. auf *Herdegen*). Unter Berufung u. a. auf Herdegen heißt es bei *Fezer*, StV 1995, 95, 100: „Die Beweiswürdigung ist nicht ‚frei'".

Bausteine (z. B. Schmauchspuren an der Hand des Verdächtigen) enthalten kann.

Was die *subjektive Tatseite* angeht, kann keine Rede davon sein, dass subjektive Merkmale mit gleicher objektiver Sicherheit nachgewiesen werden können wie objektive Tatelemente. Deshalb liegt es in der Natur der Sache, dass in dubio pro reo für die subjektive Tatseite nicht das Gleiche bedeuten kann wie für die objektive Tatseite. Schon *Würtemberger*[7] hat darauf hingewiesen, dass eine Subjektivierung des Strafrechts wegen des denknotwendig unsauberen Nachweises subjektiver Elemente den rechtsstaatlichen Gehalt des Systems nicht so verbessern kann, wie man sich das vorgestellt hatte. Auf diese in subjektiven Merkmalen steckenden Abstriche von den Anforderungen, wie sie für den Nachweis objektiver Merkmale gelten, komme ich anschließend III 2 zurück, wenn es um den Zusammenhang zwischen in dubio pro reo und dem Zuschnitt des materiellen Rechts geht.

2. Wahrscheinlichkeitsgrade und innere Gewissheit

Wie groß muss der Zweifel sein, damit er sich pro reo auswirkt? Fallrecht und Literatur liefern einen Reigen an Formeln, die zwar unterschiedlich, letztlich aber alle leer sind. Am besten ist die amerikanische Formulierung, die einen Zweifel für unerheblich ansieht, der unvernünftig wäre, weil der Nachweis *beyond a reasonable doubt* geglückt ist. Im deutschen Recht war lange Zeit die Formel maßgebend, objektiv müsse die Wahrscheinlichkeit an Sicherheit grenzen und subjektiv müsse der Richter sicher sein. In diesem Sinne heisst es dann, der Richter dürfe „keine noch so leisen Zweifel hegen; er muss fest davon überzeugt sein, die dem Angeklagten nachteiligen Strafvoraussetzungen seien gegeben"[8]. Diese Formel wirft zwei Fragen auf. (1) Eine an Sicherheit grenzende Wahrscheinlichkeit ist immer gleichbedeutend mit einem objektiven Zweifel und die Intensität dieses Zweifels bleibt so ungewiss, wie es jeder Übergang von Wahrscheinlichkeit zu Sicherheit nun einmal ist. (2) Vor allem mokiert sich ein Teil des Schrifttums[9] über das Mysterium, das im Transfer objektiv hochgradiger Wahr-

---

[7] *T. Würtemberger*, Die geistige Situation der deutschen Strafrechtswissenschaft, 1. Aufl., Karlsruhe 1957 (2. Aufl. 1959).

[8] *Stree*, In dubio pro reo, Tübingen 1962 S. 37; Übersicht über die Formeln der Judikatur bei *Greger*, Beweis und Wahrscheinlichkeit, Köln etc. 1978 S. 59 ff.

[9] Die vorzügliche, von *Schwab* betreute Erlanger Diss. von *Greger* (vgl. vorstehende Anm.) dokumentiert S. 81 ff. die „subjektive Beweistheorie" und die Kritik daran, u. a. in Auseinandersetzung mit der nur scheinbar rein objektiven Formel in *RGSt* 61, 202 (S. 60 ff.) und mit *Musielak* (S. 83 ff., 118 ff.) sowie *Maassen* (S. 99 ff.; 105 ff.). – Aus dem späteren Schrifttum *G. Walter*, Freie Beweiswürdigung, Tübingen 1979, der die subjektive Theorie gegen Drittkontrollmodelle verteidigt, zusammenfassend S. 172 f., 190, 320 f. und *Hoyer*, ZStW 105 (1993) 523, 534, der objektiv und subjektiv weitgehend gleichsetzt.

scheinlichkeit zu innerer Gewissheit (und Verurteilung) ebenso liegt wie im Scheitern eines solchen Transfers (und Freispruch). Diese Kritik halte ich nur insoweit für berechtigt, als es keinen Freispruch geben darf mit dem Argument, das Gericht habe eine an Sicherheit grenzende Wahrscheinlichkeit festgestellt, aber keine innere Gewissheit erlangt[10]. Von dieser Situation abgesehen geht es in Wirklichkeit bei der Formel von der an Sicherheit grenzenden Wahrscheinlichkeit und inneren Überzeugung des Richters um die *Anforderungen an die Begründung* eines Schuldspruchs – und zwar von zwei diametral entgegengesetzten Perspektiven aus. (1) Einmal ist zu fragen, wann der korrekte Gebrauch der Formel der an Sicherheit grenzenden Wahrscheinlichkeit (und subjektiven Überzeugung) im Widerspruch steht mit den festgestellten Tatsachen. Angesichts der vorstehend II 1 erwähnten Tendenz, den Tatrichter zu näherer Begründung seiner freien Beweiswürdigung anzuhalten, wird über kurz oder lang das Revisionsgericht Schuldsprüche beanstanden, wenn sie auf Feststellungen aufbauen, bei denen ein vernünftiger Richter an der Schuld hätte zweifeln müssen. Das ist jedoch ein allgemeines Problem der Kontrolle der freien Beweiswürdigung, kein spezielles Problem der Handhabung von in dubio pro reo[11]. – (2) Zugleich bedeutet in dubio pro reo, dass der Tatrichter nur Wahrscheinlichkeit, nicht Sicherheit begründen muss. Vom Gericht kann nicht mehr verlangt werden als eine Begründung der hohen Wahrscheinlichkeit. Sicherheit lässt sich nicht begründen, denn fast alle Beweise sind Indizienbeweise, was § 267 I 2 StPO mehr schlecht als recht ausdrückt.

Ich nehme als einfaches *Beispiel* einen Fall, der mir noch aus meiner Referendarzeit in Erinnerung ist. Frau X ist mit ihrer Nachbarin A verfeindet. Frau X behauptet, A habe vom Fenster in den Hof hinunter gerufen „Hure, Hure", als sich X dem Haus genähert habe. Zwei mit X befreundete Zeugen bestätigen das. – A behauptet, sie habe „Hurra, Hurra" gerufen, weil sie sich gefreut habe, dass X so nett zu ihr hinaufgelächelt habe. – So einfach der Fall ist, macht er doch deutlich, dass es nicht möglich ist, die objektive Sicherheit nachvollziehbar mitzuteilen, dass das Schimpfwort „Hure" gefallen ist. Mitteilbar ist nur eine hohe Wahrscheinlichkeit (und die Überzeugung des Richters).

---

[10] *Schlüchter,* Strafverfahren, 2. Aufl., Köln etc. 1983 N. 567 gibt die h. M. dahin wieder, dass einerseits zu objektiv hoher Wahrscheinlichkeit die Überzeugung hinzukommen müsse und andererseits Freispruch zulässig sei, wenn vernünftige Zweifel bleiben. Der Widerspruch liegt darin, dass bei einem vernünftigen Zweifel eben keine objektiv für Verurteilung ausreichende Wahrscheinlichkeit vorliegt.

[11] Die verschiedenen Abteilungen des Schweizerischen Bundesgerichts waren in diesen Beweiswürdigungs-/Beweislastfragen unterschiedlicher Ansicht (Nachweise oben Anm. 1). Auch im deutschen Schrifttum werden diffizile Abgrenzungen getroffen, die jedoch teils auf die prozessrechtliche Behandlung entsprechender Rügen vorausschauen, teils terminologischer Natur sind; näher *Frisch,* in Festschrift für H. Henkel, Berlin 1974 S. 273 ff.

3. Graduierung des Zweifels nach der Schwere des Vorwurfs

Aus der Debatte um die Todesstrafe wissen wir, dass faktisch die Anforderungen an den zum Freispruch führenden Zweifel abnehmen, wenn die Schwere des Vorwurfs zunimmt. *Theoretisch* hält die ganz h. M. eine solche Relation zwischen Zweifelsgrad und Vorwurfsschwere für verfehlt. Ein erster Anlauf gegen diese festgefügte h. M. ist *Wimmer*[12] in den 50er Jahren im Kontext der massenhaften Übertretung von Verkehrsvorschriften zu verdanken. Meiner Ansicht nach kann das Bagatellstrafrecht nicht funktionieren, wenn man der Tatbegehung, den Rechtfertigungsgründen und der Schuld mit gleicher Akribie nachgeht wie bei einem Mord. Die Reaktion der Rechtsordnung auf das Schweigen des Halters, dessen Fahrzeug eine ampelgesicherte Kreuzung bei Rot überquert hat, ist als Lehrstück zu begreifen. Die Moral: Wer rechtsstaatliche Beweisanforderungen überspannt, züchtet eine Rechtskultur der Fahrtenbücher. Ich habe anhand der Berufung auf den rechtfertigenden Notstand näher ausgeführt, dass Gerechtigkeit bei Bagatelldelikten den Verzicht auf die Vollkommenheit der Gerechtigkeit geradezu voraussetzt[13].

4. Abschied von der Wahrheitsfindung

Die Schwierigkeit, die objektive Sicherheit nachvollziehbar mitzuteilen, hängt mit dem uralten Problem zusammen, dass die irdische Suche nach Wahrheit theoretisch allenfalls in Ausnahmefällen (z. B. Allgemeinkundigkeit, vgl. § 130 Abs. 3 StGB; naturwissenschaftliche Gesetzmäßigkeiten) abgeschlossen werden kann. Eben deshalb muss die Suche nach Wahrheit faktisch-pragmatisch begrenzt und beendet werden. Dieses Ende nennen wir Rechtskraft. Die Begrenzungen ergeben sich aus dem Beweisrecht. So lässt § 244 StPO die Ablehnung eines Beweisantrages prinzipiell nicht zu mit dem Argument, das Gegenteil der unter Beweis gestellten Tatsache sei schon zweifelsfrei erwiesen.

Diese Spannung zwischen Gerechtigkeit und Rechtssicherheit kommt auch im Freispruch in dubio pro reo zum Ausdruck. Nicht Unschuld wird festgestellt, sondern die Suche nach Schuld wird pragmatisch abgebrochen[14]. Allerdings hat diese nur beschränkt nachvollziehbar mitteilbare Sicherheit und diese prinzipiell begrenzte Suche nach Wahrheit zu einer modernen Strömung geführt, die den Abschied vom strafprozessrecht-

---

[12] *Wimmer*, NJW 1959, 1757; zur ablehnenden Reaktion der h. M. zusammenfassend *Stree* (Anm. 8) 41.

[13] *Arzt*, Kleiner Notstand bei kleiner Kriminalität?, in Festschrift für Rehberg, Zürich 1996 S. 25.

[14] Wann diese Pragmatik den Bürger beschwert, der Unschuld festgestellt haben möchte, ist eine andere Frage, grundlegend *BGHSt* 7, 153 – vgl. auch *BGHSt* 16, 374, 378 und *Kühl*, Unschuldsvermutung, Freispruch und Einstellung, Köln etc. 1983, passim.

lichen Ziel der Wahrheitsfindung verkündet und als neues Ziel einen friedensstiftenden, weil fairen Verdachtsdialog in den Vordergrund rückt. In diesem modernen Prozess wird nicht nach Wahrheit, sondern nach einer möglichst *konsensfähigen Wahrheitsfiktion* gesucht. *Volk*[15] hat diese moderne Lehre dahin formuliert, es gebe nur formelle Wahrheiten. Weil es in einem solchen System keine Wahrheit mehr gibt, kann es auch keinen Zweifel an der Wahrheit mehr geben. Die altmodische Unschuldsvermutung muss irgendwie aufgehen in einer neuen und vagen Verfahrensfairness, die ihrerseits wesentlich darauf ausgerichtet ist, die Verhandlungsposition des Beschuldigten bei der Herstellung einer konsensfähigen Wahrheitsfiktion zu stärken. So erklärt es sich auch, dass es für Anhänger der formellen Wahrheit vor dem Prozess keine Wahrheit geben kann[16].

Ich habe mich an anderer Stelle mit dieser Verkümmerung der materiellrechtlichen Komponente und Reduktion der Gerechtigkeit auf Verfahrensgerechtigkeit auseinandergesetzt. Diese *Amerikanisierung der Gerechtigkeit*[17], dieses *Abrücken von der Wahrheitsfindung als Prozessziel*, halte ich für falsch. In der Masse der Strafverfahren finden wir jedenfalls im objektiven Tatbestand die materielle Wahrheit, in den Grenzen, die allem irdischen Tun gezogen sind. Auch meiner Ansicht nach gibt es jedoch den Abschied von der materiellen Wahrheit, freilich nur in einigen Teilgebieten der Rechtsordnung. Dazu gehören Bereiche des Steuerrechts, des Subven

---

[15] *Volk*, in Festschrift für Salger, Köln etc. 1995 S. 411. Wie das mit früheren Arbeiten des Verf. harmoniert, ist aaO. S. 416 (Fn. 22) angedeutet.

[16] Dass ein Täter u. U. (!) beanspruchen kann, vor Abschluss des Prozesses nur als Verdächtiger bezeichnet zu werden (Beispiel *BGE* 116 IV 31, wo auch mit der Unschuldsvermutung argumentiert wird), hat meiner Ansicht nach mit in dubio pro reo prinzipiell nichts zu tun, sondern ist sachlich eng verwandt mit dem Schutz, den ein (sicher schuldiger!) Täter gegen das Hervorholen seiner früheren Verfehlungen in der Öffentlichkeit u. U. (!) beanspruchen kann, zu letzterem *Arzt*, Der strafrechtliche Schutz der Intimsphäre, Tübingen 1970, bes. S. 144 ff., 161; vgl. als neueres Beispiel dazu *BGE* 109 II 353. – Da alle Prinzipien der StPO *letztlich* mit Freiheit, Menschenwürde, Persönlichkeit und Gerechtigkeit zusammenhängen, ist es nicht falsch, wenn die schärferen Konturen eines Prinzips (in dubio) in weichen Konturen eines noch allgemeineren Prinzips (Persönlichkeit) verschwimmen; dazu *Kühl* (wie Anm. 14) 20. Zu weit geht *Schubarth*, Zur Tragweite des Grundsatzes zur Unschuldsvermutung, Basel etc. 1978 mit dem Fazit (S. 32), „dass bis zu seiner rechtskräftigen Verurteilung der Verdächtige so zu behandeln ist wie der in Wahrheit Unschuldige, und zwar nicht nur vom Staat, sondern auch von seinen Mitmenschen". Verdacht ist nun einmal ein Risiko, das nicht wegfingiert werden kann (Beispiel Verdachtskündigung, unten Anm. 31).

[17] *Arzt*, in Festschrift für Triffterer, Wien, New York 1996 S. 527 mit umfangreichen Nachweisen auch zu nichtjuristischen Diskursautoren. Hervorzuheben sind in diesem Zusammenhang *Weigend*, u. a. in ZStW 104 (1992) 486 ff., ebenda 496 zu „Apologeten konsensualer Gerechtigkeit"; *Eser*, u. a. in K. *Kroeschell* (Hrsg.), Recht und Verfahren, Heidelberg 1993, 21 ff., 41 ff. und *Schünemann*, u. a. in Verh. 58. DJT, B1 (1990) – alle Autoren mit vielen, auch rechtsvergleichenden Nachweisen.

tionsrechts, Teile des Wirtschaftsrechts und Teile des Besonderen Verwaltungsrechts, die komplexe genehmigungsbedürftige Projekte regeln. Hier mag die Unaufklärbarkeit des wirklichen Sachverhalts von vornherein einkalkuliert sein oder sogar vom materiellen Recht bewusst herbeigeführt werden. Lösungen sind nur konsensverfahrensrechtlich erreichbar und materiell nie richtig. Diese Teilbereiche der Rechtsordnung schwappen ins Strafrecht hinein – am greifbarsten im *Wirtschaftsstrafrecht*[18]. Einer der größten Finanzskandale Englands, der Fall *Maxwell*, hat mit Freispruch geendet. Den Versuch des Serious Fraud Office (SFO), die in diesem Prozess ausgeklammerten Bereiche zum Gegenstand eines zweiten Strafverfahrens zu machen, hat 1996 der zuständige Richter *John Buckley*[19] als unfairen Machtmissbrauch zurückgewiesen. In seiner Begründung klingt deutlich an, dass er in dieser Materie eine justizielle Wahrheitsfindung für chancenlos hält. Ähnlich ist der zur damaligen Zeit größte Wirtschaftsstrafprozess Deutschlands gegen die Coop-Manager[20] nach Jahren der Ermittlungen und über einem Jahr Hauptverhandlung von massivsten Vorwürfen auf eine relative Bagatelle reduziert worden, die zum Teil per Nachtragsanklage ins Verfahren eingeführt worden ist. Von den Angeklagten eingestanden wurde der Vorwurf kurz vor dem Urteil und gleich nach dem Urteil achselzuckend als Deal bezeichnet und wieder bestritten. Das ist formelle Wahrheit. Ich wünsche mir nicht, dass sie zur Regel werden möge.

III. In dubio pro reo und das materielle Recht

1. Objektive Elemente

Mit meiner vorstehend II entwickelten These 1 habe ich zu zeigen versucht, dass es Zweifelsgrade gibt, dass der zum Freispruch führende Zweifelsgrad wesentlich vom materiellen Recht abhängt und dass der Zweifel als Abstand von der Wahrheit nur so lange Sinn macht, solange man an der traditionellen Betrachtung festhält, dass Wahrheitsfindung Ziel des Strafverfahrens ist. Ehe ich auf meine These 2 eingehe, also auf die Aushebelung von in dubio pro reo durch das materielle Recht, möchte ich die Abhängigkeit des Zweifelsgrades vom materiellen Recht zunächst anhand objektiver Ele-

---

[18] Ob bei juristischen Personen das „kommende Strafrecht" mit Kollektivverantwortung oder mit Beweislastumkehr operieren könnte und sollte, liegt außerhalb meines Themas; dazu *Heine*, JZ 1995, 651 (dessen weit formulierte Frage nach „Beweislastumkehr im Strafverfahren" mit Recht auf diesen Sonderfall beschränkt bleibt, S. 656 rechte Spalte).
[19] NZZ, 20. 9. 1996, 21: „Wenn eine Jury jemals in einem so komplexen Fall einen Schuldspruch fällen würde, wäre es – meint Buckley – ohne Zweifel im ersten Verfahren gewesen" (Aktiva von mehr als 700 Mio. £ sind aus den Pensionskassen verschwunden). Die Kosten des 1. Verfahrens haben sich auf 20–30 Mio. £ belaufen, ebenda.
[20] *Bustini Grob*, Großkredite im Schatten des Strafrechts, Bern 1997.

mente illustrieren. Vorab ist anzumerken, dass die *Versuche einer mathematischen Erfassung des Wahrscheinlichkeitsgrades*[21] fast ganz auf objektive Tatbestandsmerkmale beschränkt bleiben; solche Versuche stützen deshalb die hier vertretene Ansicht einer Relativierung des Zweifelsgrades in Abhängigkeit vom materiellen Recht. Zur Relativierung auch und schon im objektiven Bereich begnüge ich mich mit zwei Beispielen:

Kausalität mag naturgesetzlich sicher sein; hypothetische Alternativen sind immer mehr oder weniger zweifelhaft. Jedenfalls seit dem Radfahrerfall *BGHSt* 11, 1 sind wir uns dessen mehr oder weniger bewusst. Während in Deutschland entweder das Unmögliche verlangt wird – also Ausschluss der Hypothese mit gleicher quasi-Sicherheit wie bei Bejahung der Kausalität – oder materiellrechtlich aufwendige Umgehungskonstruktionen propagiert werden (Risikoerhöhungstheorie als Stichwort), ist in der Schweiz das Bundesgericht in ständiger Rechtsprechung auf dem richtigen Weg der Relativierung des Zweifelsgrades: In diesem Bereich genügt „ohne weiteres" eine „hohe Wahrscheinlichkeit"[22].

Als weiteres Beispiel ist auf die Fälle zu verweisen, wo das materielle Recht sachlich verwandte Vorwürfe in verschiedene Tatbestände splittet. Hier kann es vorkommen, dass sehr wahrscheinlich der Tatbestand x, vielleicht aber der sachlich verwandte Tatbestand y vorliegt – sicher jedoch x oder y. Es gibt Rechtskulturen[23], so beispielsweise die Schweiz, die in solchen Fällen ohne großes Aufheben aus dem wahrscheinlicheren Tatbestand verurteilen. Andere Rechtskulturen, allen voran Deutschland, sehen sich durch den Zweifel des Richters erst an einer eindeutigen Verurteilung gehindert und suchen dann über hochkomplizierte dogmatische Konstruktionen zu einer wahldeutigen Verurteilung zu gelangen. Obwohl Systeme ohne *Wahlfeststellung* formaliter gegen den Vorwurf anfällig sind, dass sie bei isolierter Betrachtung gegen den Grundsatz in dubio pro reo verstoßen, bleibt sich der rechtsstaatliche Gehalt beider Systeme summa summarum gleich.

2. Subjektive Elemente

Noch deutlicher wird die Elastizität des Zweifelsgrades in Abhängigkeit vom materiellen Recht bei subjektiven Elementen. Ich hatte im Zusammenhang mit meiner These 1 die Behauptung aufgestellt, es könne keine Rede davon sein, dass subjektive Merkmale mit gleicher Sicherheit nachgewiesen werden könnten wie objektive Merkmale. Nehmen wir den *Vorsatz*

---

[21] Eingehend *Walder*, Kriminalistisches Denken, 5. Aufl., Heidelberg 1996 S. 37 ff., 142 ff. (und zum Zweifel S. 121 ff.); vgl. auch *Hoyer* (Anm. 9).

[22] *Nay* (Anm. 1) 93 mit Nachweisen.

[23] Näher *Arzt*, in Gedächtnisschrift für Armin Kaufmann, Köln etc. 1989 S. 839 ff., 856 f.

als *Beispiel.* Wenn der *BGH*[24] bei § 316 StGB moniert, dass die Tatrichter Vorsatz „auffallend selten für erwiesen erachten" oder wenn der Gesetzgeber bei der Hehlerei[25] die Justiz dazu anhält, keine allzu strengen Maßstäbe bei der Bejahung des Vorsatzes anzulegen, fragt man sich, wie eine solche spezielle Elastizität des Prinzips in dubio pro reo im subjektiven Bereich zu rechtfertigen ist. Meiner Ansicht nach endet im subjektiven Bereich der Vorwurf oft nicht randscharf dort, wo die materiellrechtliche Definition des betreffenden Merkmals endet. Verwendet das Gesetz das objektive Merkmal „Töten", ist es eine Tragödie, wenn das Gericht das Tatbestandsmerkmal bejaht, obwohl der Angeklagte nicht getötet hat. Verwendet das Gesetz das subjektive Merkmal des Tötungsvorsatzes, genügt selbstverständlich die sicher vorliegende Fahrlässigkeit nicht, um wegen Vorsatzes zu verurteilen. Mit der Definition des Vorsatzes wird jedoch eine künstliche Stufe zwischen Vorsatz und Fahrlässigkeit geschaffen – der Sache nach ist der Übergang von Vorsatz zu Fahrlässigkeit kontinuierlich[26]. Deshalb ist es keine Tragödie, wenn materielle Definition und Beweisanforderungen zusammengenommen zu einer Vorsatzverurteilung führen, wo mit Sicherheit luxuria vorliegt und zusätzlich sehr wahrscheinlich mehr, nämlich Vorsatz als Wissen und Wollen. Die alte Rechtsfigur des dolus eventualis, insbesondere in der heute noch und wieder herrschenden Subform der Wahrscheinlichkeitstheorie, bewältigt den Raum zwischen Vorsatz und Fahrlässigkeit durch eine Kombination der materiellrechtlichen Definition und Beweisanforderungen. – Auch § 17 StGB zielt nicht ernstlich auf den Täter, der sicher kein *Unrechtsbewusstsein* hatte (es aber hätte haben können), sondern auf den Täter, der sehr wahrscheinlich Unrechtsbewusstsein gehabt hat und sicher Unrechtsbewusstsein hätte haben können. Der Leitentscheid *BGHSt (GS)* 16, 155 zeigt dies deutlich.

Bei der *Fahrlässigkeit* ist der Übergang zur Unschuld materiellrechtlich so weich definiert, dass der Vorwurf erst im Unendlichen auf den Wert Null absinkt – deshalb gibt es keine Probleme mit in dubio pro reo im subjektiven Fahrlässigkeitsbereich[27]. Die Übergänge sind so weich, dass sie erst materiellrechtlich (Übernahmeverschulden, actio libera in causa etc.), dann durch Strafzumessung und schließlich durch prozessrechtliche Mischfor-

---

[24] *BGHSt* 22, 200.

[25] Näher zur alten Beweisregel und der widersprüchlichen Begründung für ihre Streichung *Arzt*, Strafrechtsklausur, 5. Aufl., München 1996 S. 62. Ehe die Schweiz Zeit fand, bei der Hehlerei die alte Formel „annehmen muss" zu streichen, war sie schon wieder modern (und steht jetzt auch im Tatbestand der Geldwäscherei)!

[26] Darauf beruht sowohl der Gedanke der Fahrlässigkeit als „Auffangtatbestand" dort, wo wahrscheinlich Vorsatz vorliegt, als auch die Annahme eines Stufenverhältnisses, vgl. *BGHSt* 17, 210; 32, 48, 57 und für Teilnahmeformen *BGHSt* 31, 136.

[27] Deshalb hat sich die von *Wimmer* (oben Anm. 12) vorgeschlagene Erleichterung des Nachweises der Fahrlässigkeit als unnötig erwiesen.

men zwischen Schuldspruch und Freispruch (z. B. § 153 a StPO) aufgefangen werden. Der subjektive Fahrlässigkeitsbegriff zeigt geradezu modellhaft, dass dort, wo es keine scharfe Grenze zwischen Schuld und Unschuld mehr gibt, auch das Prinzip in dubio pro reo seine Trennschärfe verlieren muss.

Auch was *andere subjektive Merkmale* angeht, ergeben sich mitunter überraschende Einsichten, wenn man sie vom Blickwinkel des Prinzips in dubio pro reo her betrachtet. Die beiden spektakulärsten, auf Indizien gestützten Mordprozesse der jüngsten Schweizer Rechtsgeschichte[28] zeigen, dass subjektive Merkmale in diesem Bereich als Anreiz für ein Teilgeständnis wirken. Bestreitet der Ehemann, seine Frau getötet und die Leiche in der Tiefkühltruhe versteckt zu haben, so laufen alle Ermittlungen im mühsamen Indizienprozess in Richtung Mord (Planung, Motiv etc.). Sollte sich der Täter zu einem Geständnis (nämlich der Tatbegehung) durchringen, hat er es in der Hand, Motivation und Auslösung der Tat mit etwas Phantasie und juristischer Beratung in eine für ihn günstige, im Zweifel nicht zu widerlegende Richtung zu lenken.

---

[28] Dem im folgenden skizzierten Berner Fall sind u. a. zwei Bücher und zwei Spielfilme und die Entlassung des Direktors des Zuchthauses zu danken, in dem der rechtskräftig Verurteilte bis zur erfolgreichen Wiederaufnahme zu seinen Gunsten einsaß (und wo er eigenartige Privilegien genoss). Die Wiederaufnahme wurde damit begründet, dass der Tathergang möglicherweise anders verlaufen sei – dazu oben im Text. Nach Freispruch nach Wiederaufnahmeverfahren läuft derzeit ein Verfahren zwecks Wiederaufnahme zu Ungunsten des Freigesprochenen. Für in dubio ist der Fall auch deshalb bemerkenswert, weil der Freispruch mit Prüfung (und Verwerfung) aller anderen denkbaren Tathergänge verbunden war, was die Staatsanwaltschaft (m. E. mit Recht) zur Rüge veranlasste, der Freispruch sei nur mit unvernünftigen Zweifeln zu erklären (vom Bundesgericht verworfen, auszugsweise in der Tagespresse mitgeteilter Entscheid v. 23. 2. 1995). – Der zweite Mordfall der jüngsten Schweizer Rechtsgeschichte, der sog. Apothekerfall, teilt mit dem zuvor erwähnten Fall die oben im Text entwickelte Gefahr, dass das Schweigen zur Verurteilung wegen Mordes führt, wo ein Teilgeständnis zur Annahme einer nicht widerlegbaren entlastenden Motivation geführt hätte. Nach Aufhebung einer ersten Verurteilung wegen Mordes wegen eines Verfahrensfehlers ist es zu einer schwer begreiflichen Verurteilung nur wegen vorsätzlicher Tötung gekommen, BGE 118 IV 122. Für in dubio ist dieser Fall deshalb lehrreich, weil der letzten Instanz bei ihrer (viel zu weit gehenden!) Auseinandersetzung mit der Beweiswürdigung des Tatrichters ein kapitaler Denkfehler unterlaufen ist. Das sollte Revisionsgerichten zu mehr Zurückhaltung bei ihrer Nachvollziehung der Beweiswürdigung Anlass geben. Das Revisionsgericht (deutsche Terminologie) hatte die angebliche Verletzung von in dubio mit der Erwägung zurückgewiesen, für Hass als Tötungsmotiv spreche, dass der Beschuldigte in der U-Haft sich habe vorstellen können, dass das Opfer einen Anschlag auf ihn (d. h. den Verdächtigen) unternommen habe (und dann versehentlich das vergiftete Getränk selbst getrunken habe). Den Denkfehler sehe ich darin, dass der Verdächtige das nur wirklich glauben kann, wenn er unschuldig ist – und dass eben dieser Glaube (erst von der letzten Instanz) als Hass und damit Mordmotiv und Schuldindiz gewertet wird. – Näher *Arzt*, ZBJV (wie Anm. 1), 20.

3. Einreden, Einwendungen

Dieser faktische Druck in Richtung Teilgeständnis wird noch deutlicher bei Einreden. Auch was im Zivilrecht als *Einrede* oder *Einwendung* bezeichnet würde, mit entsprechenden Konsequenzen für die Beweislastverteilung, ist im deutschen Strafrecht *theoretisch* dem Prinzip in dubio pro reo unterstellt worden. Der Beschuldigte trägt weder für *Notwehr* noch für *Schuldunfähigkeit* die Beweislast. Der *Verjährungseintritt* ist im Strafverfahren von Amts wegen zu beachten, auch insoweit gilt in dubio pro reo. Schon diese Ausdehnung auf Einreden ist nicht selbstverständlich, wie ein Seitenblick auf das amerikanische Strafrecht[29] lehrt. Auch in unserem Recht ist diese Ausdehnung in vielfältiger Weise relativiert. Ich begnüge mich mit zwei Beispielen. Wenn die *Notwehr* dem Prinzip in dubio pro reo unterstellt wird, ist die Wirkung relativiert, weil der Beschuldigte sich zwar nicht de iure, wohl aber de facto auf den Rechtfertigungsgrund berufen und an der Klärung der Sachlage intensiv mitwirken muss. Notwehr setzt ein Teilgeständnis voraus. Das gilt auch für andere Rechtfertigungsgründe wie Notstand oder Einwilligung. *Rechtfertigungsgründe erleichtern den zweifelsfreien Nachweis des Tatbestandes,* denn sie basieren auf der selbstverständlichen Erwartung, dass der Beschuldigte den Tatbestand einräumt und Ausführungen zur Rechtfertigungslage macht. – Für die *Schuldfähigkeit* und die Schuldausschließungsgründe gilt dies entsprechend[30].

4. Beseitigung offener und Kreierung verdeckter Verdachtsstrafen

Die soeben geschilderte Elastizität des Zweifelsgrades und die Entschärfung der Konsequenzen des Prinzips in dubio pro reo durch einen faktischen Zwang zu einem Teilgeständnis sind nur *ein* Aspekt der Abhängigkeit vom materiellen Recht. Den dramatischeren und praktisch wichtigeren Zusammenhang mit dem materiellen Recht sehe ich darin, dass man *materiellrechtlich* den *Verdacht* als Voraussetzung für Strafbarkeit genügen lässt, wie man arbeitsrechtlich den Kündigungsgrund materiellrechtlich als Verdacht definiert[31]. Gelingt der sichere Nach-

---

[29] *Fletcher,* Rethinking Criminal Law, Boston etc. 1978 S. 524.

[30] Wir gehen bezüglich der Schuldfähigkeit von einer an der Normalität orientierten Erwartung aus, was auf eine Abschwächung des Prinzips in dubio pro reo hinausläuft. Ich vermute, dass bei Schwerstkriminalität volle Schuldfähigkeit immer seltener bejaht wird, d. h. in dubio pro reo wird immer häufiger verminderte Schuldfähigkeit angenommen. Der Grund dürfte jedoch nicht in einer Sensibilisierung für die Bedeutung des Prinzips in dubio pro reo liegen, sondern mit der Strafzumessung zusammenhängen. Auf die *Querverbindungen Strafzumessung und in dubio pro reo* gehe ich hier nicht ein; vgl. *Arzt,* recht 1994, 141 ff., 234 ff. (N. 51, 65 ff., 87–89).

[31] Die Kritik von *Grunsky* an dieser materiellrechtlichen Lösung eines Beweisproblems hat kein Gehör gefunden, zusammenfassend *C. Heinrich,* Die Beweislast bei Rechtsgeschäften, Köln etc. 1996 S. 243.

weis des Verdachts, kann ohne Verstoß gegen in dubio pro reo bestraft werden.

Die *Verdachtsstrafe* ist denn auch keine neue Idee, als poena extraordinaria ist sie historisch gewissermaßen die Schwester der Folter. Freilich sind wir uns heute wohl insoweit einig, dass ein Verbot, sich verdächtig zu machen, logisch allenfalls dann befriedigt, wenn man das verdächtige Verhalten genau umschreibt. Würde man nur allgemein verbieten, sich verdächtig zu machen, wäre es für den rechtstreuen Bürger schwierig, sein Verhalten einer solchen Norm entsprechend zu steuern.

Beispiel: Dem Spielbankier ist es verboten, sich der Geldwäsche dadurch verdächtig zu machen, dass er mehr als DM 19 999,- Bargeld entgegennimmt (und dafür Spielgeld ausgibt), ohne den Kunden zu identifizieren.

Dieser im soeben gebrauchten Beispiel der Geldwäsche pointiert zum Ausdruck gebrachte Makel der Verdachtsstrafe ist jedoch durch *Umwandlung zum Gefährdungsdelikt* beseitigt worden. Theoretisch (dogmatisch) ist diese praktisch nur kosmetische Operation von fundamentaler Bedeutung, eben weil sie das Verdachtsstrafenargument ins Leere laufen lässt.

Beispiel: § 3 Abs. 1 GwG verbietet nicht Geldwäscheverdacht. Der Spielbankier muss nach dieser Norm identifizieren, weil er sonst die Gefahr schafft, dass er (!) den objektiven Tatbestand der Geldwäsche verwirklicht. Welch subtiler Unterschied zwischen Verdachtsstrafe und Gefährdungsdelikt!

Auf der subjektiven Ebene ist das besonders handgreiflich. Ich erinnere nur an den Kollaps einer Rechtstradition, die bei Vermögenskriminalität und Anschlussverbrechen wie Hehlerei und Begünstigung nur die Bestrafung von Vorsatz oder sogar Absicht toleriert hat. Subventionsbetrug und Geldwäsche sind die sichtbarsten Symbole dieses Kollapses – an dem eigentlich nur bemerkenswert ist, mit welchem Gleichmut er hingenommen worden ist, während gleichzeitig ein Hochgefühl über den fortschreitenden Ausbau der Unschuldsvermutung an der Peripherie geherrscht hat und noch herrscht. Einzuräumen ist immerhin, dass Verdachtsstrafen im subjektiven Bereich relativ harmlos sind, weil die Beweisanforderungen bei subjektiven Merkmalen aus den oben am Beispiel des dolus eventualis dargelegten Gründen elastischer sind als bei objektiven Merkmalen. Wer will es dem Gesetzgeber verübeln, wenn er – statt den Richter anzuhalten, beim Schluss aus Indizien auf Hehlereivorsatz nicht zu zurückhaltend zu sein (was dem Gesetzgeber Angriffe wegen Verstoßes gegen die Unschuldsvermutung einträgt) – einfach einen Tatbestand der leichtfertigen Hehlerei schafft? Dass dann auch Täter bestraft werden, die sicher keinen Vorsatz hatten, zeigt den rechtsstaatlichen Exzess der Bedenken gegen Beweiserleichterungen bei der Vorsatzfeststellung.

Noch problematischer als solche den subjektiven Tatbestand manipulierenden Normen sind Verbote, die eigentlich auf eine Verletzung zielen und

sich nur aus Beweisüberlegungen mit Gefahrschaffung begnügen[32]. Die
Mitgliedschaft in einer kriminellen Vereinigung nach § 129 StGB will nicht
ernstlich Personen erfassen, die sich nie wegen Mittäterschaft oder Gehil-
fenschaft an einer konkreten Straftat strafbar gemacht haben. Mit § 129
StGB erreicht man jedoch eine drastische Herabsetzung der Beweisanforderungen im Vergleich zu einer solchen Mitwirkung an konkreten Straf-
taten. Solche Vorfeld-Tatbestände sind überdies oft wie geschaffen für die
Überwindung des Schweigens des Beschuldigten mit Hilfe von Kronzeugen und V-Männern.

Damit nicht genug. Der Gesetzgeber hat entdeckt, dass er über das so-
genannte abstrakte Gefährdungsdelikt nicht nur Gefährlichkeitsvermutun-
gen schaffen kann, sondern sogar die Gefährlichkeit sicher ungefährlicher
Verhaltensweisen fingieren kann. Das ist zuerst bei solchen abstrakt-
gefährlichen Handlungen aufgefallen, die ausnahmsweise konkret ungefährlich sind. Bei § 306 StGB ist es die bewohnte Hütte, die bei vorüberge-
hender Abwesenheit der Bewohner in Brand gesetzt wird, nachdem sie der
Täter auf Landstreicher und andere ungebetene Gäste durchsucht hat – und
die zudem so einsam gelegen ist, dass ein Eingreifen der Feuerwehr oder
löschwilliger Dritter und entsprechende Gefährdung solcher Personen ver-
nünftigerweise ausgeschlossen werden kann[33].

Mit solchen Tätern habe ich wenig Mitleid, wenn auf sie der Gefähr-
dungstatbestand angewendet wird. Wer sich so nahe an Schwerkriminali-
tät heranwagt, soll nicht jammern, wenn er vom Sog des Strafgesetzes
erfasst wird – sei es auch nur deshalb, weil der Gesetzgeber es dem Richter ersparen wollte, sich so individualisierend mit allen möglichen Aus-
reden des Täters auseinanderzusetzen. Freilich, wer § 306 StGB in solchen Fällen bejaht, hat bei der Strafzumessung Mühe. Je gründlicher wir
alle diese hier umrisshaft angedeuteten Entlastungsfaktoren untersuchen
müssen oder zugunsten des Täters als wahr unterstellen müssen, desto
mehr geht der im abstrakten Gefährdungsdelikt auf der Tatbestandsebene
liegende Rationalisierungseffekt auf der Ebene der Strafzumessung ver-

---

[32] Dazu gehört z. B. die Subsumtion der Zahlung mit einem nicht gedeckten Scheck
unter § 263 mit dem Argument, die Hoffnung des Täters auf Deckung bei Scheckvorlage
ändere nichts am Vorsatz, den Schecknehmer wirtschaftlich zu gefährden – und die Gefährdung genüge objektiv für Schaden und damit sei diese Schädigung auch gewollt, zusammenfassend zu solchen Verdachtsstrafen *Arzt/Weber*, Strafrecht BT, LH 1, 3. Aufl.,
Bielefeld 1988 N. 21–24 unter Hinweis auf die Arbeiten von *Karl Peters, Lüderssen, Volk*
und *Hillenkamp*. – Vgl. noch *Frister*, Schuldprinzip, Verbot der Verdachtsstrafe und Unschuldsvermutung ..., Berlin 1988 und *Vest*, Vorsatznachweis und materielles Strafrecht,
Bern etc. 1986.
[33] Dass solche löschwillige Dritte vom Schutzbereich des § 306 erfasst werden, halte
ich für selbstverständlich, vgl. *Arzt*, Strafrechtsklausur, 5. Aufl., München 1996 S. 100
(auch zur Gegenansicht – Opferselbstverantwortung).

loren. Das führt in das Sonderthema „in dubio pro reo und *Strafzumessung*"[34].

Unsympathisch sind mir nicht abstrakt hochgefährliche Delikte, bei denen das Verhalten des Täters im konkreten Fall (vielleicht) ungefährlich war oder nach Meinung des Täters ungefährlich hätte sein sollen. Unsympathisch sind mir Verbote von Verhaltensweisen als abstrakt gefährlich, von denen man nicht einmal mehr sagen kann, dass sie wenigstens in typischen Fällen die Gefahr des Eintritts der Verletzung des eigentlich zu schützenden Rechtsgutes schaffen. Bei der Hehlerei kann man noch sagen, dass typischerweise das Restitutionsinteresse des Opfers der Vortat gefährdet wird. Bei der *Geldwäsche* kann dagegen keine Rede davon sein, dass alle Tatbestandsvarianten typischerweise eine Gefahr für staatliche Einziehungs- bzw. Verfallsinteressen herbeiführen. Wird die Gefahr fingiert, öffnen wir einer Gesetzgebung Tür und Tor, die sich auf Aberglauben stützt. Das GwG ist dafür ein Beispiel aus der neueren Zeit. Wie die Kirche den Glauben verwaltet, führt auch der Aberglaube zu einer ihn verwaltenden Bürokratie. Wesentliches Ziel des § 261 StGB und des GwG ist die Bekämpfung des Drogenhandels. Wenn es nach GwG zu Verdachtsmeldungen pro Jahr im Betrag von über 1 Milliarde DM kommt und immerhin ein paar Dutzend Millionen DM vorläufig beschlagnahmt werden, zeigt sich die Irrationalität der Erwartungen des Gesetzgebers, wenn von den beschlagnahmten Beträgen nur ein paar Tausend DM aus Drogenhandel stammen[35].

In dubio pro reo kann nicht einmal solche ins Irrationale abgleitenden gesetzlichen Verdachtsstrafen verhindern, vorausgesetzt, der Gesetzgeber bedient sich der Form der abstrakten Gefährdungsdelikte. Wenn ich die Dinge richtig sehe, hat nur bei der Beseitigung einer einzigen Strafbestimmung der Gedanke der Verdachtsstrafe eine Rolle gespielt, nämlich beim alten § 245 a StGB, Besitz von Diebeswerkzeug. Die Einsicht, dass in dubio pro reo eine stumpfe Waffe ist, wenn es um Kontrolle der vom Gesetzgeber gewählten Lösungen geht, erklärt die jahrzehntelange Ignorierung der einschlägigen EMRK-Bestimmung durch das strafrechtliche Schrifttum. Die Monographie von *Stree*[36] zu in dubio pro reo ist erschienen, nachdem die EMRK in Deutschland schon ein Jahrzehnt Geltung beanspruchen konnte. *Stree* erwähnt die EMRK in einer Fußnote, in der der Text von Art. 6 Abs. 2 EMRK wiedergegeben wird und es dann heisst: „Erkenntnisse dafür, wann Zweifel zugunsten des Angeklagten wirken, lassen sich indessen kaum hieraus gewinnen. Bereits die Einschränkung auf den ‚gesetzlichen' Nachweis der Schuld lässt es zu, einen Angeklagten nach den bisher an-

---

[34] Dazu schon oben Anm. 30.
[35] Dazu (auch mit statistischen Nachweisen) *Arzt*, in *Diederichsen/Dreier* (Hrsg.), Das missglückte Gesetz, Göttingen 1997.
[36] Oben Anm. 8.

erkannten beweisrechtlichen Regeln zu verurteilen, es sei denn, sie wären gesetzwidrig. Man müsste also zuvor feststellen, ob eine Entscheidung ,in dubio contra reum' gegen ein gesetzliches Verbot verstößt, ehe man zu ihrer Unvereinbarkeit mit der EMRK gelangt. Zudem betrifft Art. 6 Abs. 2 EMRK nur die Schuld, sagt mithin nichts darüber, wie die Ungewissheit über schuldgelöste Strafvoraussetzungen rechtlich zu beurteilen ist. In den weiteren Untersuchungen kann diese Vorschrift daher als unergiebig außeracht gelassen werden". – In dieser Fußnote zeigt sich die für die 50er und 60er Jahre gängige Einschätzung der Bescheidenheit des Verfassungsrechts[37], weil in dieser Zeit die Ansichten und Erwartungen des historischen Verfassungsgebers noch nicht in Vergessenheit geraten waren oder ignoriert worden sind.

IV. In dubio pro reo und das Prozessrecht

1. Endlosigkeit der Beweisaufnahme

Mit meiner *These 3* will ich zum Schluss in dubio pro reo in seiner Abhängigkeit vom Prozessrecht darstellen. Das in Deutschland viel höher als in der Schweiz geschätzte Unmittelbarkeitsprinzip[38] impliziert die Wiederholung schon erhobener Beweise ungeachtet der abnehmenden Zuverlässigkeit. Das trägt zur Verlängerung der Beweisaufnahme und des Verfahrens bei. Wenn ein striktes *Vorauswürdigungsverbot*[39] hinzukommt, also auch in hohem Maße unglaubwürdige, entlegene und fast unerreichbare[40] Entlastungsbeweise erhoben werden müssen, droht die Endlosigkeit der Beweisaufnahme insbesondere in den oben II 4 dargestellten materiellrechtlichen Labyrinthen. Dass ein Ende des Verfahrens nur durch Freispruch erreichbar wird, liegt nicht am Prinzip in dubio pro reo, sondern am Verbot der Vorauswürdigung. Ob hier Abhilfe im Prozessrecht geschaffen werden kann oder nur der rechtsstaatlich bedenkliche Griff nach materiellrechtlichen Umwegkonstruktionen bleibt, kann hier nicht erörtert werden. Das moderne, 1995 in Kraft getretene bernische Strafverfahren steht auf

---

[37] Noch zu spüren bei *D. Poncet,* La Protection de l'Accusé par la Convention Européenne des Droits de l'homme, Genf 1977 S. 77–81; vgl. aus der späteren Phase aber *Trechsel* (wie Anm. 1).

[38] *Krauß,* recht 1986, 73; 1987, 42. Das moderne bernische Gesetz über das Strafverfahren (StrV BE) vom 15. 3. 1995 bringt eine Ausdehnung des Mittelbarkeitsprinzips; zur Einbeziehung der „Akten" in die Beweiswürdigung und zur Beschränkung der Unmittelbarkeit auf Fragen von erheblicher Bedeutung und dort, wo der persönliche Eindruck entscheidend ist, Art. 307, 295 II 2 StrV BE.

[39] Dazu zuletzt *H. Ter Veen,* Beweisumfang und Verfahrensökonomie im Strafprozess, Heidelberg 1995 S. 61 ff., 140 ff.

[40] Zur freien Beweiswürdigung bei unerreichbaren Entlastungsbeweisen *Arzt,* in Festschrift Karl Peters, Tübingen 1974 S. 223.

dem Standpunkt, ohne antizipierte Beweiswürdigung „ist nicht auszukommen, soll ein Beweisverfahren nicht ins Uferlose geraten. Haben die durchgeführten Beweismaßnahmen der entscheidenden Behörde erlaubt, sich ein Urteil zu bilden, verfällt sie nicht in Willkür, wenn sie weitere Beweisanträge, die nach ihrer Überzeugung zu keiner Meinungsänderung führen können, abweist".[41]

2. In dubio pro reo und privilege against self-incrimination

Ohne weiteres verkraftbar ist die Maximalisierung von in dubio pro reo in einer Rechtskultur, in der fast alle Verdächtigen durch Geständnis[42] die Zweifel an ihrer Schuld ausräumen. Die in diesem Satz steckende Aussage ist umkehrbar. Eine Rechtskultur, die ihr Beweisrecht so zuschneidet, dass massive Lücken vorprogrammiert sind, wird häufig Zweifel und damit Freisprüche produzieren.

Den am Anfang eines Verfahrens bestehenden Zweifel bezeichnen wir unter Vertauschung des Vorzeichens als *Verdacht*. Die Zahl der Fälle, in denen auch am Verfahrensende noch mehr oder weniger große Zweifel bestehen, hängt wesentlich davon ab, welche Beweise mit welchen Methoden beschafft werden dürfen. Ein historischer Rückblick lehrt, dass wir das System der Folter dem rechtsstaatlich maximal sensiblen Richter zu danken haben, der Tat und Schuld nur dann für zweifelsfrei nachgewiesen ansieht, wenn ihm als Beweismittel zwei Augenzeugen des Verbrechens oder ein Geständnis zur Verfügung stehen. Erst die im Grundsatz der freien Beweiswürdigung liegende Aufweichung des Prinzips in dubio pro reo hat eine zweifelsfreie Schuldüberzeugung auch ohne Geständnis und ohne Augenzeugen ebenso ermöglicht wie den Verzicht auf die Folter (und den Verzicht auf die Verdachtsstrafe).

Aus den Zusammenhängen zwischen Unschuldsvermutung und zulässigen Ermittlungsmaßnahmen bzw. Beweismitteln greife ich als den meiner Meinung nach für die zweite Hälfte des 20. Jahrhunderts zentralen Punkt das *Schweigerecht* des Beschuldigten heraus. Darüber hinaus weise ich auf die Problematik von Vorstrafen und früheren Verdachtsfällen hin[43]. Was

---

[41] *Aeschlimann*, Das neue bernische Gesetz über das Strafverfahren ..., ZBJV 132bis (1996) 153 ff., 169 zu Art. 101 II StrV BE.

[42] Zum folgenden *Arzt*, Geständnisbereitschaft und Strafrechtssystem, in Festschrift 50 Jahre Schweizerische Kriminalistische Gesellschaft (FS SKG), Bern 1992 S. 233; japanische Übersetzung *(M. Ida/K. Yamana)* in Hogaku Kenkyu (Journal of Law, Politics and Sociology) 65 (1992) 129; polnische Übersetzung *(P. Hofmanski)* in Przeglad Policyjay 1992, 72.

[43] Die Selbstgewissheit, mit der die Indizwirkung früherer Verurteilungen in gleichartigen Fällen und erst recht früherer Verdachtssituationen (!) geleugnet worden ist und entsprechende Informationen prozessrechtlich unterdrückt worden sind, wird wohl zuerst bei den Sexualdelikten nicht mehr als progressiv betrachtet werden.

das Schweigerecht angeht, ist unbestritten, dass den Beschuldigten keine Pflicht trifft, an der Sachverhaltsaufklärung mitzuwirken – dogmengeschichtlich ist dieses Prinzip mit der Ablösung des Inquisitionsprozesses und der Folter eng verbunden. Daraus folgt, dass eine Weigerung des Beschuldigten nicht Anlass sein darf, seine Schuld gewissermaßen zu fingieren.

Kritisch ist nicht das Schweigerecht mit der Konsequenz, dass Schweigen nicht automatisch als Schuldbeweis gewertet werden darf. Kritisch sind die vielen Fälle, in denen das Schweigen des Beschuldigten ein wichtiges Indiz für Schuld darstellt. Wenn der Beschuldigte die Urkunde nicht gefälscht hat – warum verweigert er dann eine Schriftprobe? Wenn das Geld auf seinem Konto nicht aus Drogenhandel stammt, sondern aus legalen Geschäften – warum sagt er uns nicht, woher er es hat?

Wie Sie wissen, hat sich im Wettlauf um die rechtsstaatlichste Interpretation des Beweisrechts in Deutschland die Ansicht durchgesetzt, dass das Schweigen des Beschuldigten nicht verwertbar ist[44]. Noch einmal: Im Kontext mit in dubio pro reo bedeutet das, dass das Gericht nicht sagen kann – und nicht denken darf – „auf Herkunft des Geldes aus Drogenhandel deutet so vieles, dass der Beschuldigte – hätte er das Geld rechtmäßig erlangt – die Quellen längst genannt hätte. Auch deshalb ist das Gericht von der Herkunft aus Drogenhandel überzeugt". Es mag ja sein, dass moderne *Umwegkonstruktionen* wie *Vermögensstrafe* und *erweiterter Verfall verfassungsrechtlich unbedenklich*[45] sind; *strafrechtlich* weichen solche Umwegkonstruktionen von gesicherten rechtsstaatlichen Positionen viel weiter ab als eine Beweiswürdigung, die das Schweigen des Angeklagten über die Herkunft seines Vermögens im Kontext mit anderen Indizien werten und verwerten würde.

Mir ist sogar zweifelhaft, ob wenigstens im Kontext mit einer Beschwerde gegen einen U-Haftbefehl ein deutscher Haftrichter das sagen dürfte, was das Schweizerische Bundesgericht 1994 im Kontext eines Verdachtsfalles im Umfeld des Terroristen Carlos ausgesprochen hat, nämlich

---

[44] *Eisenberg*, Beweisrecht der StPO, 2. Aufl., München 1996 N. 899 führt als einzigen, an der h. M. zweifelnden Beleg *meinen* Beitrag in FS SKG (vorstehend Anm. 42) an. Vgl. aber auch *Kleinknecht/Meyer-Goßner*, StPO, 42. Aufl., München 1995, § 136 a Rdnr. 31 und Einleitung 57. Bezeichnend scheint mir der Streit zu sein, ob die von der h. L. behauptete Unverwertbarkeit des Schweigens erst aus dem fair-trial-Prinzip herzuleiten sei (so u. a. BGHSt 20, 281, 284) oder schon aus dem „Sinn des Aussageverweigerungsrechts" (so *Roxin*, in *Jauernig/Roxin*, 40 Jahre BGH, Juristische Studiengesellschaft Karlsruhe, H. 193, Heidelberg 1991 S. 92). Angesichts der „anglo-amerikanischen Herkunft" (*Roxin* aaO.) des Fairnessprinzips wird der Rechtsvergleicher auf die im Exportland bestehenden massiven Gegengewichte zum Unverwertbarkeitsprinzip gestoßen, dazu oben im Text.

[45] Zu Bedenken vgl. *Perron*, JZ 1993, 918; *Hörnle*, ZStW 108 (1996) 333, jeweils mit weiteren Nachweisen; BGHSt 40, 371 operiert mit einschränkender Auslegung. – Zu Beweiserleichterungen bei der Einziehung *Arzt*, recht 1993, 73.

dass „angesichts der Umstände die vom Beschwerdeführer gewählte Taktik des Schweigens nicht mit der normalen Haltung einer unschuldigen Person übereinzustimmen scheint"[46].

Selbstverständlich ist der h. M.[47] zuzustimmen, dass das Schweigen anders als mit Schuld zu erklären sein kann. Auch wenn jemand nachts aus einem Plastiksack einen Kopf nimmt und ihn in eine Mülltonne wirft, kann sein Verhalten anders als damit zu erklären sein, dass er der Mörder ist. Es liegt im Wesen eines Indizes, dass der Schluss auf Tat und Schuld nicht zwingend ist, und nur beim Schweigen wagt man es, diese im Wesen jedes Indizes liegende Schwäche als Argument dafür einzusetzen, dass gar kein Indiz vorliege.

Die verbreitete Zufriedenheit über dieses Verwertungsverbot als rechtsstaatliche Errungenschaft teile ich nicht. Wir bauen den Rechtsstaat an der Peripherie aus, denn die Verwertungsverbote bezüglich des Schweigens lassen sich steigern und komplizieren: Teilweises Schweigen; Zeitpunkt, an dem das Schweigen gebrochen wird; Reden, ohne vorherige Belehrung über das Schweigerecht etc. etc. Sogar ein Verwertungsverbot nicht nur des Leugnens, sondern des Lügens wird im Schrifttum[48] schon ernstlich diskutiert; der *BGH*[49] zeigt sich auch von diesem rechtsstaatlichen Ausbau schon angetan. Man sieht nicht (die pessimistischere Formulierung wäre, man will nicht sehen), dass ein durch den Ausbau an der Peripherie überlastetes System Risse im Zentrum entwickelt. Die Erfahrung der letzten Jahrzehnte, in denen wir das Verbot, das Schweigen zu verwerten, verabsolutiert haben, lehrt, dass das strafrechtliche System, wenn es ernsthaft mit dem Schweigen des Beschuldigten ab einer bestimmten Phase der Ermittlungen rechnen muss, auf das Reden des noch nicht förmlich Beschuldigten in einer früheren Phase ausweicht und ausweichen muss. Es entsteht eine rechtsstaatliche Spirale: Die Unverwertbarkeit des späteren Schweigens macht die Verwertbarkeit des davor liegenden Redens problematisch und drängt zugleich zur beweismäßigen Erschließung noch weiter davor liegenden Redens.

---

[46] „Dans ces circonstances, le mutisme choisi par le recourant ne paraît pas correspondre à l'attitude normale d'une personne innocente", Schweizerisches Bundesgericht (Anklagekammer im Haftprüfungsverfahren in Sachen M), v. 31. 10. 1994. Es ging um Verdacht der Beteiligung am Athener Attentat vom 13. 4. 1983 (gerichtet gegen Saudi-Arabien), der Entscheid ist publiziert mit kritischer Anm. *Piquerez*, in Révue jurassienne de jurisprudence (RJJ) 1994, 280. – Zum Diskurs bei Untersuchungshaft nach deutschem Recht *Bohnert*, GA 1995, 468.

[47] *Eisenberg* (wie Anm. 44) N. 900, dort das Argument, dass sich „aus dem Schweigen ... schwerlich ein Schluss auf die Schuld ziehen" lasse.

[48] *Eisenberg* (wie Anm. 44) N. 893. Selbstverständlich lügen auch Unschuldige – wie auch Unschuldige einen Kopf in eine Mülltonne werfen können.

[49] *BGH*, NStZ 1996, 80 (wo die Rspr., nach der hartnäckiges Leugnen kein Straferschwerungsgrund sei, als „gefestigt" bezeichnet wird, obwohl sie in den Sand eines mildernd wirkenden Geständnisses gesetzt ist, *Arzt*, recht 1994, 141 ff., 234 ff., 237).

Roxin[50] sieht deshalb den BGH an einem Scheideweg. In Tat und Wahrheit geht es nur um die Wahl zwischen Fortschreiten auf dieser Spirale oder Umkehr. Auf der Spirale fortschreiten heißt, dass synchron mit dem Verstummen der klugen oder wohlhabenden (und deshalb juristisch gut beratenen) Straftäter und dem Heraufziehen eines Rechtsstaates, in dem nur noch die Dummen und Armen reden, sich das Abhören und vor allem das V-Mann-Wesen vom Glimmbrand zum Vollbrand entwickeln wird. Da brennt nicht nur ein Nebengebäude des rechtsstaatlichen Strafrechts, und ein Ende ist noch nicht abzusehen. Mit dem Kronzeugen stehen wir erst am Anfang, und Fahrtenbuch, Fahrtenschreiber und der Geldwäschereibeauftragte sollten als Modell einer brave new world begriffen werden. In dieser neuen Welt wird der potentielle Straftäter nicht nur zu selbstschädigenden Aufzeichnungen gezwungen, sondern zur Anstellung und Bezahlung seines eigenen Überwachers angehalten. Fürwahr, in einem solchen System brauchen wir im förmlichen Ermittlungsverfahren keine Einlassungen des Beschuldigten. Wer foltert, kann es sich leisten, nur Geständige zu verurteilen.

Man mag mir entgegenhalten, dass doch das *anglo-amerikanische Strafverfahren* dem privilege against self-incrimination noch höheren Stellenwert beimesse als wir das in Deutschland tun. So denken viele – und ich konzediere, dass sie vom englischen und amerikanischen Strafverfahren und vom amerikanischen Verfassungsrecht oberflächliche Kenntnisse haben. Es ist in der Tat richtig, dass in England und in den USA dem privilege against self-incrimination hohe Bedeutung zukommt. In *England* hat jedoch dieses Prinzip den Zenith seines Einflusses klar überschritten. Die Zweifel an der Weisheit der extensiven Schweigerechte im englischen Strafverfahren und an der Unverwertbarkeit des Schweigens des Beschuldigten vor Polizei oder Justiz haben wesentlich zur Einsetzung einer Royal Commission on Criminal Justice beigetragen. In deren Abschlussbericht 1993 (bekannt als Runciman Report) hat nur – aber immerhin! – eine Minderheit das Schweigen gegenüber der Polizei künftig als Grund für adverse comment (des Richters bei der Belehrung der Geschworenen) einführen wollen[51]. Was adverse comment bei Schweigen in der Hauptverhandlung angeht, ist zunächst zu beachten, dass England im Criminal Justice Act 1987 bei Wirtschaftskriminalität eine Aussagepflicht des Beschuldigten gegenüber der speziellen Untersuchungsbehörde (Serious Fraud Office) einge-

---

[50] *Roxin*, NStZ 1996, 465. – Zu Österreich vgl. zum Übergang von offener zu nicht-offener Verbrechensbekämpfung *Schmoller*, ÖJZ 1996, 21; grundlegend noch immer die Referate der Berner Strafrechtslehrertagung, *Seelmann, Meyer, Walder, Rüping, Fincke*, alle in ZStW 95 (1983).

[51] *The Royal Commission on Criminal Justice* (Chairman: Viscount Runciman of Doxford), London (HMSO) 1993, Kap. 4 S. 49 ff., bes. N 11 (S. 52) und N 20–25 (S. 54 f.).

führt hat – mit bis 6 Monate Freiheitsstrafe bei Schweigen[52]. Im Runciman Report[53] begrüßt die Mehrheit diese Neuerung, will aber keine prinzipielle Abkehr vom Schweigerecht und vom Verwertungsverbot (auch) im Hauptverfahren.

Obwohl im Runciman Report noch der konservative Standpunkt obsiegt hat, hat die in diesem Bericht zum Ausdruck gekommene Minderheits-ansicht die Zweifel an der rechtspolitischen Vernunft des Schweigerechts so gestärkt, dass die Regierung noch im gleichen Jahr einen Entwurf vorgelegt hat, der 1994 Gesetz geworden ist. The Criminal Justice and Public Order Bill vom 16. 12. 1993 „aims to make it easier to convict and punish the guilty". Unter ihren wichtigsten Vorschlägen hebt das Home Office in sei-ner Pressemitteilung heraus „curb the right of silence by allowing a court to draw inferences from a defendant's silence during police questioning or in court"[54]. Diese Reduktion des Schutzes gegen Selbstbelastung in wichti-gen Teilbereichen auf dem Wege der Gesetzgebung in England passt frei-lich nicht in das hierzulande gängige Klischée vom englischen Strafverfah-ren. Anders als mit einem Perzeptionsproblem kann ich mir die nur mini-male Reaktion des deutschen Schrifttums auf diesen Umbruch in England nicht erklären.

In den *USA* war die Verehrung des *privilege against self-incrimination* lange ungebrochen: Weil es Verfassungsrang hat, ist beispielsweise vor 25 Jahren der Straftatbestand der Verkehrsunfallflucht nur knapp (dank einer 5 : 4-Entscheidung des U.S. Supreme Court[55]) dem Verdikt entgan-gen, er verstoße gegen das *privilege against self-incrimination* und sei ver-fassungswidrig. Inzwischen hat auch das deutsche Schrifttum an der Idee Gefallen gefunden, § 142 StGB (oder wenigstens bestimmte Anwendungs-bereiche gemäß der Auslegung durch die h. M.) wegen Verstoßes gegen das *privilege against self-incrimination* für verfassungswidrig zu erklären[56]. Dabei wird freilich ignoriert, dass sich im amerikanischen Schrifttum[57] die kritischen Stimmen mehren, die – einer formellen Wahrheit oder materiel-len Lüge überdrüssig – nach Europa schauen in der Annahme, dass auf dem Kontinent das Schweigen als Indiz unter anderen Indizien gewürdigt wer-

---

[52] Diese Aussagen sind als solche nicht verwertbar, d. h. das Wirtschaftsdelikt muss anderweitig bewiesen werden, Runciman Report N 20 f. (S. 56).

[53] Wie vorstehend, N 30, S. 56 f.

[54] *Home Office*, News Release 256/93 vom 17. 12. 1993. – Einzelheiten finden sich in Part III, Clause 27, 28, 29, 30, 31.

[55] *California v. Byers* 402 U. S. 424 (1971).

[56] Näher zur verkehrten Welt des § 142 *Arzt/Weber*, Strafrecht BT, LH 2, Bielefeld 1983 N. 329–331.

[57] Über die Nachweise bei *Arzt* (wie Anm. 17) hinaus vgl. *G. van Kessel*, Adversary Excesses in the American Criminal Trial, 67 Notre Dame Law Review 403 (1992) mit wei-teren Angaben.

den dürfe (wenn sogar England adverse comment zulasse!) – und in der
Hoffnung, dass auf längere Sicht das verfassungsrechtlich blockierte amerikanische Strafverfahrensrecht Reformideen importieren könne. Vor allem
aber – damit bin ich wieder bei meinem zentralen Thema in dubio pro reo
– ist in eben diesem System der USA, das dem Schweigerecht maximalen
Stellenwert beilegt, die Ausübung dieses Rechts eine unglaublich riskante
Sache. Manch einer hat diese Rechtsausübung mit jahrzehntelanger Frei-
heitsentziehung oder sogar mit dem Leben bezahlt. Wenn jemandem für ein
Schuldgeständnis eine zeitlich begrenzte Freiheitsstrafe von 5 Jahren offe-
riert wird, der Betreffende das Angebot ablehnt und schweigt, ist die Verhängung der lebenslangen Freiheitsstrafe „constitutionally legitimate"[58].
Das gilt auch für die Verhängung der Todesstrafe, wenn (und weil!) der Beschuldigte eine günstigere Offerte zurückweist. Kein Wunder, dass in
einem solchen System fast alle Beschuldigten reden. Über 90 % sagen laut
und deutlich ja zu einem plea bargain und versichern, dass sie das Schuld-
bekenntnis freiwillig abgelegt haben.[59]

Welch wunderbare *neue Welt des Strafverfahrens:* Je stärker in dubio pro
reo beachtet und je ernster das privilege against self-incrimination im allge-
meinen und das Schweigerecht im besonderen genommen wird, desto rede-
und geständnisfreudiger werden die Beschuldigten! Es bedrückt mich, dass
solche elementaren Zusammenhänge im deutschen Schrifttum weitgehend
und von der deutschen höchstrichterlichen Praxis ganz ignoriert werden[60].
Dabei sonnen sich alle noch im Glauben, es sei ihnen gelungen, den rechtsstaatlichen Gehalt des deutschen Systems zu steigern. Ich bin der Ansicht,
dass die Fundamente des traditionell rechtsstaatlichen deutschen Straf-
rechtssystems im wahrsten Sinne des Wortes verrückt werden – und danke
Ihnen, dass Sie mir die Gelegenheit gegeben haben, das auszusprechen.

---

[58] *Bordenkircher v. Hayes,* 434 U.S. 357, 364 (1978), dazu mit weiteren Nachweisen
(auch zur Todesstrafe) *Arzt* (wie Anm. 17) 534, 536.

[59] Nachweise bei *Arzt* (wie Anm. 17). – Die Zahlen sehen auf Bundesebene (die immer
wichtiger wird) nicht viel anders aus; eine 1987 publizierte offizielle Untersuchung von
40 000 Verurteilungen hat eine guilty plea Quote von 85 % ergeben; dabei ist noch zu
beachten, dass bundesrechtlich die Rolle der Staatsanwaltschaft beim plea bargaining
gestärkt (und die des Gerichts drastisch geschwächt) worden ist, *J. Standen,* Plea Bargaining ..., 81 Calif. L. Rev. 1471 (1993), zu den 85 % ebenda Fn. 12.

[60] Die Essaysammlung von *Johannes F. Nijboer,* Beweisprobleme und Strafrechts-
systeme, Frankfurt/Main etc. 1995 wird mit der Bemerkung in den Verlagsmitteilungen
vorgestellt, das Buch zeige, „wie wichtig der ,juristische Tourismus' ist" (Lang, Rechts-
wissenschaft Neuerscheinungen 1996 S. 39).

www.ingramcontent.com/pod-product-compliance
Lightning Source LLC
Chambersburg PA
CBHW050650190326
41458CB00008B/2501